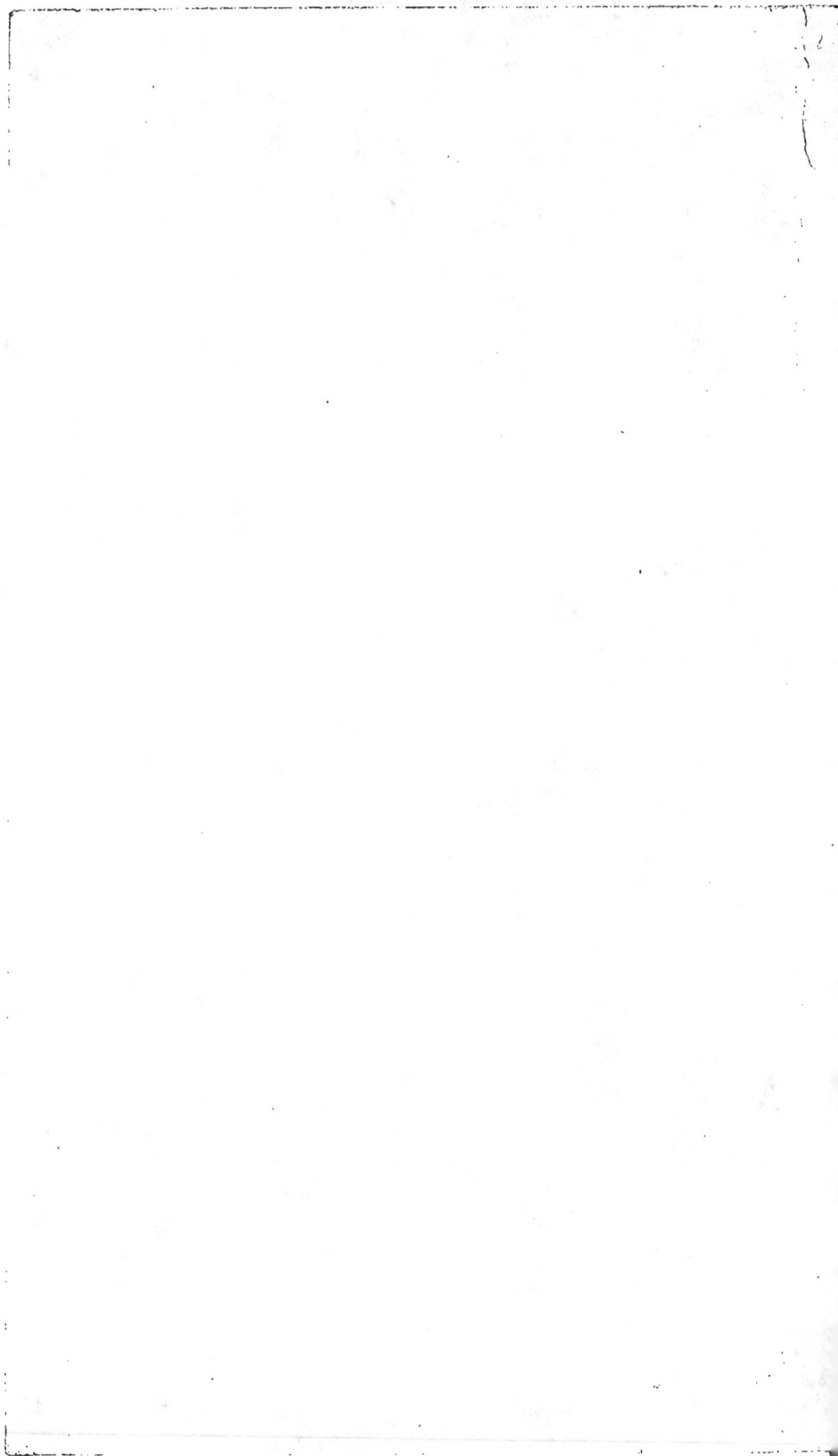

UN DERNIER MOT

sur la

BATAILLE DE MURET

PAR HENRI DELPECH

DE LA SOCIÉTÉ POUR L'ÉTUDE DES LANGUES ROMANES

(AVEC TROIS PLANS TOPOGRAPHIQUES)

MONTPELLIER

IMPRIMERIE FIRMIN ET CABIROU

Boulevard de la Comédie, 7, et Rue Richelieu

1878

UN DERNIER MOT

SUR LA

BATAILLE DE MURET

PAR HENRI DELPECH

DE LA SOCIÉTÉ POUR L'ÉTUDE DES LANGUES ROMANES

(AVEC TROIS PLANS TOPOGRAPHIQUES)

MONTPELLIER

IMPRIMERIE FIRMIN ET CABIROU

Boulevard de la Comédie, 7, et Rue Richelieu

—

1878

UN DERNIER MOT

SUR

LA BATAILLE DE MURET

La *Revue critique* a publié, dans son fascicule du
9 novembre, une analyse de notre monographie sur la
bataille de Muret. La partie de cette critique qui nous con-
cerne personnellement est si indulgente que nous n'avons
aucune réponse à y faire, si ce n'est l'expression de notre
gratitude.

Mais cet article ne parle pas seulement de nous. Son
auteur anonyme présente encore, sur la victoire du comte
de Montfort, une explication différente de la nôtre. Par ce
côté, son intéressante étude nous paraît digne de la plus
sérieuse attention, car elle soulève une des plus grandes
difficultés de notre histoire militaire. Soldat ou érudit, nul
ne saurait être indifférent à la question de savoir comment
900 cavaliers ont pu vaincre 43,000 hommes. C'est unique-
ment cette question que nous demandons à examiner ici,
abstraction faite de toute polémique personnelle. L'oc-
casion nous paraît favorable pour en finir avec le délicat
problème de Muret, parce que M. X... veut bien nous faire
des concessions qui circonscrivent le débat. Il accepte
notre topographie, et nous acceptons, comme base de la
discussion, les documents historiques qu'il invoque [1].

---

[1] M. X...énumère (p. 301 et 302) comme étant ses auto-
rités : Guillem de Puy-Laurens, Baudouin d'Avesnes, Jacques d'Aragon, le poème de la *Canso* et la relation officielle.

Etant ainsi d'accord sur l'état des lieux et sur le choix des textes, il ne reste qu'à trouver la juste adaptation des uns aux autres. Sur ce terrain, on doit pouvoir s'entendre.

Précisons d'abord quelle est l'explication de la bataille de Muret que M. X... croit plus vraisemblable que la nôtre [1]. D'après lui, les Vasco-Aragonais, ayant attaqué sans succès la porte de Toulouse, s'étaient repliés dans leur camp, lorsque Montfort sortit de Muret par la porte de Sales, envoya ses deux premiers escadrons franchir la Louge, remonter sa rive gauche, et attaquer l'armée ennemie tout entière, qui venait en désordre au devant d'eux, *dans l'angle compris entre le ruisseau et le camp* [2]. Puis, avec son troisième corps, Montfort remonta la rive droite de la Louge jusqu'à Rudelle, traversa le marais et prit en flanc le roi d'Aragon, qui succomba. Malgré cet échec de la chevalerie aragonaise, les milices toulousaines auraient persisté à croire leur allié victorieux, et seraient venues attaquer de nouveau Muret. C'est là que Montfort, revenant vainqueur de son premier combat, les aurait précipitées dans la Louge. Quant au comte de Toulouse, il n'aurait pas pris part à la bataille.

M. X... préfèrerait à notre version cette explication de la victoire de Muret, parce qu'elle lui paraît concilier entre eux les deux seuls récits que l'on connaisse de la bataille [3] : celui de la *Canso* et celui des autres chroniqueurs. Nous pensons, au contraire, que la version qui nous est proposée, loin de rapprocher les deux autres, les contredit toutes les deux. Elle nous semble d'ailleurs en opposition avec toutes les vraisemblances, soit militaires, soit topographiques.

Mais il ajoute (p. 306, ligne 22) que, pour exposer sa version du combat de Muret, *il n'emploiera* que les trois derniers de ces auteurs. Il est bien entendu cependant que cette restriction n'implique pas le désaveu des autres chroniqueurs; car il les invoque plusieurs fois dans sa dissertation, surtout G. de Puy-Laurens. Nous nous réservons donc le droit de l'invoquer aussi.

[1] Voyez notre plan Nº 2.
[2] Page 305, ligne 27.
[3] Page 301, lignes 28 et 29.

Comparons d'abord le récit de M. X... avec celui de la
Canso [1]. D'après la *Canso*, lorsque les Vasco-Aragonais,
repoussés de la porte de Toulouse, se furent retirés sous
leurs tentes, Montfort sortit de Muret par la porte de Sales,
et proposa aux Croisés d'aller au camp des Alliés provo-
quer une sortie des ennemis. Ceux-ci ne manqueraient pas
de quitter précipitamment leurs retranchements pour écraser le petit nombre des Croisés, lesquels profiteraient du
désordre même de cette sortie pour massacrer les Alliés
avant qu'ils eussent le temps de se mettre en bon ordre.
Ce plan fut exécuté. L'armée des Croisés, *formée en trois
corps, mais massée en une seule colonne d'attaque* [2], se
rendit au camp ennemi *en traversant les marais en droite
ligne depuis la porte de Sales jusqu'aux tentes* [3]. En
voyant arriver Montfort au travers des marais, *l'armée
alliée tout entière* [4] (les Toulousains aussi bien que les Aragonais) accourut tumultueusement au-devant de lui et l'attaqua. Mais, Pierre II ayant été tué, les soldats se décou-
ragèrent et prirent la fuite sans se défendre : « *Us no s'es
defendutz.* » (V. 3,072.)

Il suffit de rapprocher cette version de celle de M. X...
pour y voir trois contradictions : 1° D'après M. X..., Montfort dirigea contre ses adversaires deux attaques distinctes
sur les deux rives de la Louge, la première pour les tenir
en échec, la seconde pour les prendre à revers. D'après la
Canso, il n'y eut, au contraire, qu'une seule attaque, au
travers des marais, par la masse des Croisés contre la
masse des Alliés. — 2° M. X... croit au retour offensif des
milices toulousaines contre Muret. La *Canso* ne l'admet

---

[1] Voyez notre plan N° 1.
[2] *Canso* (V. 3054) : E fels en tres partidas *totz essems
escalar.*
[3] *Canso* (V. 3037) : *A la porta de Salas* les ne fan totz
anar.
(V. 3056) : E van *dreit a las tendas.*
(V. 3057) : Tuit s'en van a las tendas *per mejas las palutz.*
[4] *Canso* (V. 3061) : *El bos reis d'Arago*, cant les ag
perceubutz.
(V. 3063) : *E l'ome de Tolosa i son tuit corregutz.*

pas et le rend impossible, puisqu'elle croit à une déban-
dade générale à l'issue du camp. — 3° Notre contradicteur
reconnait que la chevalerie de Toulouse déserta le terrain
sans combattre. La *Canso* affirme le contraire : « *E l'ome
de Tolosa i son tuit correguts.* » En somme, la *Canso* fait
du combat de Muret une surprise suivie d'une panique ;
une échauffourée. M. X... y voit un combat sérieux, com-
posé de deux luttes successives, et dont le succès aurait
été décidé par une attaque de flanc du comte de Montfort,
attaque dont la *Canso* ne dit pas un mot. La contradiction
entre les deux récits consiste donc, non dans les détails,
mais dans l'économie générale du combat. M. X... doit
donc renoncer à invoquer la *Canso* à l'appui de son opinion.

Les chroniqueurs contraires à la *Canso* ne nous parais-
sent pas concorder davantage avec le système de notre
contradicteur. Voici quelle est, d'après nous, la version de
ces derniers auteurs[1] : Tandis que l'avant-garde vasco-aragonaise attaquait Muret, son corps d'armée, prêt à la soutenir, s'échelonnait sur ses derrières (suivant l'usage du
temps) : Pierre II au terrain l'*Aragon*, Raymond VI plus
loin en arrière, les milices toulousaines en réserve à Perramon, sur les hauteurs du camp. Ces divers corps étant
trop éloignés les uns des autres[2], Montfort entreprit de
les détruire séparément, avant que chacun d'eux pût être
secouru par les autres. Dans ce but, il simula, par la porte
de Sales, un mouvement de retraite qui attira l'avant-garde
ennemie en deçà de la Louge. Ainsi, il put, par un brusque
retour offensif, l'écraser avant que Pierre II eût le temps
de la secourir. Puis, tandis que ses deux premiers corps
arrêtaient le mouvement en avant des Aragonais, il réussit
à les tourner lui-même par sa gauche, en traversant le
marais de Rudelle, et en culbutant le trop faible détaché-
ment qui lui barrait le passage. Il vint ainsi placer entre
deux attaques le roi d'Aragon, qui fut accablé parce que
Raymond VI ne vint pas à son aide. Quant aux milices

---

[1] Voyez notre plan N° 3.
[2] Jacques d'Aragon (al. 9, p. 17). Aquels de la part del
Rey no saberen rengar la batayla *ni anar justats*.

toulousaines, elles crurent Raymond VI et Pierre II vainqueurs, parce qu'elles les savaient très-supérieurs en
nombre et que l'éloignement du champ de bataille ne leur
permit pas d'en distinguer les péripéties. C'est ainsi
qu'elles vinrent imprudemment jusqu'à Muret s'exposer au
retour offensif de Montfort, qui les accabla.

Ceci est notre manière d'expliquer la victoire de Muret
d'après les chroniqueurs contraires à la *Canso*. M. X...
n'est pas tenu d'accepter notre façon de comprendre ces
auteurs ; mais, puisque il accepte leur autorité, nous avons
le droit de lui opposer que leur texte même contredit sa
version sur cinq points :

1° Selon M. X..., après leur attaque infructueuse de la
porte de Toulouse, les Alliés seraient rentrés au camp.
Selon nos auteurs, le combat tout entier aurait continué sur
place, autour de Muret ; et ce serait pour dégager la
porte de Toulouse que Montfort aurait pris l'offensive par
la porte de Sales. Pierre des Vaux de Cernay et la relation
officielle affirment en effet que si les Prélats catholiques
donnèrent aux Croisés la permission de combattre, ce fut
pour défendre leur vie mise en péril par l'assaut de la
porte de Toulouse [1]. Guillem de Puy-Laurens explique que
Montfort sortit par la porte de Sales pour éviter les traits
des ennemis qui assaillaient en ce moment l'autre côté de
la place [2]. (S'ils avaient été repliés dans leur camp, les
deux portes eussent été également à l'abri). Enfin M. X...,
qui admet notre topographie, reconnaît que Montfort fut
insulté par ses adversaires, du pied des remparts, au mo-

---

[1] Petr. V. S. (P. 86 B). Plures de hostibus intraverunt
burgum.....Mox Comes noster allocutus Episcopos.....
« tempus est ut detis nobis licentiam dimicandi....... »
Episcopi..... *quia necessitas sic urgebat concesserunt.*—
Rel. off. (P. 89 A B). Qua (licentia) concessa ..... *Quia
domum in qua Episcopi morabantur..... hostes..... fes-
tinabant impugnare.*
[2] G. de P.-L. (P. 208 D E). Incidit que eis consilium ne
directe contra exercitum prosilirent ne imbri jaculorum
pópuli tolosani exponerent equos suos ; et exierunt per
portam quæ respicit Orientem.

ment où il ordonnait sa sortie [1]. Or cette scène se passait le long de la courtine septentrionale de Muret. Les Vasco-Aragonais n'étaient donc pas rentrés dans leur camp, situé à plus d'un kilomètre à l'ouest de la ville.

2° M. X... prétend que l'armée alliée, en voyant approcher les Croisés, sortit en désordre de ses tentes [2]. Nos auteurs soutiennent que Montfort la trouva *dans la plaine prête à combattre et bien ordonnée en plusieurs corps, dont le comte de Foix commandait le premier et le roi d'Aragon le deuxième* [3].

3° Selon notre contradicteur, les deux premiers corps des Croisés franchirent la Louge avant de rencontrer l'ennemi, et ne le combattirent qu'auprès de Perramon. Selon nos chroniqueurs, ils livrèrent en sortant de la ville deux combats successifs, dont le premier (où ils furent vainqueurs grâce à une feinte) eut lieu avant de franchir la Louge. La feinte, d'après G. de Puy-Laurens, consista à simuler une fuite, puis à revenir vers la plaine en traversant le ruisseau [4]. (De quoi leur aurait servi cette manœuvre s'ils n'avaient pas eu d'ennemis en face d'eux ; si les Vasco-Aragonais, repliés dans leur camp, n'avaient même pas soupçonné leur sortie ?) Quant aux deux combats successifs, ils sont bien distingués : ce fut d'abord un succès si facile qu'on chassa l'ennemi aussi aisément que le vent la poussière. Puis on reconnut le corps du roi d'Aragon aux armoiries de son étendard, et on l'attaqua [5]. M. X... ne peut donc pas méconnaître que

---

[1] Page 306, ligne 40.
[2] Page 307, ligne 4.
[3] Petr. V. S. (Pag. 87 A B). Milites Christi..... egressi de castro, in campi planitie juxta castrum, viderunt hostes paratos ad pugnam..... Rex Aragonensis in secunda acie se posuerat.
G. de P.-L. (P. 209 A). Dato primo congressu comiti Fuxensi cum Catalanis.
[4] G. de P.-L. (P. 208 E). Exierunt per portam quæ respicit Orientem...... ut nescientibus propositum eorum fugere niterentur, donec profecti paulisper, rivum quemdam transeuntes, in planitiem versus exercitum redierunt.
[5] G. de P.-L. (P. 209 B). Adeoque hostes primo impetu subverterunt quod eos a campo ut ventus..... pulverem

les Croisés aient pu *traverser une ligne ennemie, puis un ruisseau, puis charger un second corps* [1].

4° L'attaque de flanc de Montfort est aussi racontée par P. des Vaux de Cernay tout autrement que par M. X... Ce dernier veut que Montfort ait trouvé l'armée ennemie tout entière dans l'angle entre Perramon et la Louge, et par conséquent au bord du marais. Le chroniqueur soutient au contraire que Montfort trouva là une résistance si peu sérieuse qu'il lui suffit d'assommer le chef du détachement pour disperser les soldats [2]. L'armée ennemie n'était donc pas tout entière près de la Louge ; car, si elle y avait été, Montfort n'aurait pas dispersé 43,000 hommes par un coup de poing.

5° Enfin tous les auteurs autres que la *Canso* admettent que les milices toulousaines attaquèrent Muret, tandis que Montfort accablait les Aragonais. La chose eût été impossible si le champ de bataille s'était trouvé, comme le pense M. X..., dans l'angle entre Perramon et la Louge. Car, sur ce point, les Toulousains auraient été témoins de la défaite du roi et battus avec lui. Il aurait même fallu, pour aller à Muret, qu'ils traversassent le champ de bataille.

En résumé, si l'on accepte la version de notre contradicteur, Montfort a vaincu en prenant l'offensive contre le camp, à l'issue duquel il a pris entre ses deux attaques combinées l'armée vasco-aragonaise tout entière. D'après nos chroniqueurs, au contraire, le chef des Croisés garda le

---

propulsarunt..... *Deinde ad Regis aciem,* ubi vexillum ejus noverant, *se convertunt* tanta que pressura in ipsum irruunt quod.....

[1] M. X... croit que la partie guéable de la Louge aurait été trop encombrée par les mangonneaux pour laisser un passage aux Croisés. Voici les distances : les plus grands mangonneaux n'avaient pas plus de 12 mètres d'envergure ; il n'y en avait que trois sur la rive droite de la Louge et ils pouvaient être tous sur le même axe. Or, le passage a aujourd'hui plus de 230 mètres. Il restait donc au moins 200 mètres de libres. Du reste, un front d'attaque se forme sur la largeur que l'on veut, et les Croisés durent régler le leur sur l'exiguité des lieux.

[2] Petr. V. S (P. 87 B C).

rôle défensif autour de Muret jusqu'au moment où ses ennemis vinrent s'y faire détruire en détail, dans une série de combats partiels. Ces deux versions sont donc contradictoires dans leur économie générale.

De cette première partie de notre dissertation nous tirons une première conséquence ; c'est que la version qu'inaugure M. X... n'est confirmée ni par la *Canso* ni par les autres chroniqueurs. Or ces deux sources historiques sont les seules que nous possédions sur la bataille de Muret. En sorte que l'opinion de notre contradicteur demeure dépourvue de preuves. La nôtre, sans prétendre tout concilier, s'appuie du moins sur des textes. Celle que nous repoussons est une simple hypothèse historique.

Toutefois nous admettons qu'une simple hypothèse puisse parfois emporter les convictions ; mais c'est au cas où elle offre un grand caractère de vraisemblance. Nous craignons au contraire que l'opinion de M. X... ne soit en désaccord avec toutes les vraisemblances, soit militaires, soit topographiques.

Au point de vue militaire, la version de notre contradicteur a le tort d'admettre, avec la *Canso*, que Montfort alla attaquer ses adversaires à l'issue de leur camp, c'est-à-dire sur un point où ils étaient encore agglomérés en une seule masse. Jamais un militaire n'admettra que 900 hommes aient pu tenir tête à 43,000 dans une seule rencontre. Or le récit de M. X... renchérit encore sur les invraisemblances de la *Canso ;* puisque, non content de ne pas fractionner l'armée alliée, dans cette première rencontre, c'est au contraire l'armée de Montfort qu'il fait combattre en deux corps séparés. Il faut alors que les 600 hommes du premier corps aient arrêté seuls 43,000 ennemis, pendant le temps nécessaire à Montfort pour opérer sa marche de flanc et faire filer ses 300 hommes, un à un, par *l'unique sentier* qui traversait le marais [1]. Pendant ce temps, les

---

[1] Petr. V. S. (P. 87 B). Invenit *modicissimam semitam* per quam transiens in hostes se dedit.
Canso (V. 3044) : Que per aquest *semdier* nos covendra passar.

Alliés, placés dans une position centrale et dominante, d'où ils voyaient venir tous leurs ennemis, auraient eu le loisir d'écraser successivement, avec toutes leurs forces réunies, d'abord la première colonne des Croisés, puis celle de Montfort, sans que ces deux troupes pussent se soutenir mutuellement, étant séparées par le cours et l'escarpement de la Louge.

L'erreur de M. X... nous paraît consister en ce qu'il croit que les désavantages de la position de Montfort auraient pu être compensés par l'effet de son attaque de flanc. Au point où notre contradicteur place cette manœuvre, elle aurait été inefficace et même impossible. En effet, le champ de bataille étant localisé par M. X... entre Perramon et la Louge, les 300 Croisés auraient été assaillis à l'issue du marais, sans avoir le temps de se mettre en bataille. Si nous attribuons quelque valeur tactique à la manœuvre de Montfort, c'est que nous plaçons le lieu du combat sur le terrain l'*Aragon*, que, depuis le marais jusqu'à ce point, le chef des Croisés eut l'espace nécessaire pour reformer ses lignes et charger, et qu'il n'eut d'ailleurs affaire qu'à mille Aragonais, le reste ayant été détruit avec l'avant-garde. Mais M. X..., plaçant le champ de bataille à l'issue des tentes, c'est alors l'armee vasco-aragonaise tout entière qui a pu attendre à loisir les 300 hommes de Montfort, pour les massacrer un à un sur leur défilé au travers du marais. Dans ce cas, ce ne sont pas les Croisés qui ont surpris les Alliés : ce sont les Alliés qui ont surpris les Croisés.

A ces invraisemblances militaires vient s'ajouter une impossibilité topographique, si l'on recherche quelle était, en 1213, la configuration du sol où M. X... place son champ de bataille. Nous avons dit dans notre monographie [1] qu'au XIIe siècle la Louge décrivait, à Rudelle, une courbe vers le Nord et se jetait dans la Garonne par le ruisseau des Pesquiès. Plus tard, mais toujours avant 1213, on fortifia Muret, en détournant la Louge et en lui creusant son lit actuel autour de la place. Alors les eaux

---

[1] Voyez notre monographie (pages 6, 7 et 7 note 1).

du ruisseau abandonnèrent le ravin des Pesquiès. Mais, comme la pente vers Muret est moins rapide que celle vers les Pesquiès, la Louge, ralentie dans son cours, dut refluer et former le marais de Rudelle. Ainsi, dans l'angle choisi par M. X... pour son champ de bataille, existaient, en 1213, un bas-fond inondé, plus l'ancien lit desséché de la Louge, lequel était peut-être ce *fossatum* [1] que Montfort eut à franchir en sortant du marais. Ces pentes abruptes et ces bas-fonds inondés purent bien être utilisés par le chef des Croisés pour masquer sa marche de flanc, mais jamais il n'aurait pu en faire un champ de bataille propre à un combat de cavalerie. Si c'eût été là qu'il eût médité de combattre, il n'y aurait pas amené ses troupes à cheval, mais bien son infanterie, laquelle fut, au contraire, consignée par lui dans Muret.

Aujourd'hui les atterrissements ont trop élevé le sol pour que nous ayons osé tracer arbitrairement l'ancien lit de la Louge ; mais on admettra qu'il devait suivre à peu près le petit ravin de la Saudrune (lequel en est peut-être encore le dernier vestige). Or, c'est précisément la Saudrune qui, d'après le terrier de Muret, forme la limite occidentale du terrain l'*Aragon* [2]. Le lieu où nous avons placé le champ de bataille arrivait donc jusqu'au point où le sol, coupé par l'ancien lit de la Louge, devenait impropre à un combat de cavalerie. Voilà pourquoi le terrain l'*Aragon* peut seul convenir à l'emplacement du champ de bataille. Notre démonstration nous a paru confirmée jusqu'à l'évidence quand nous avons trouvé ce même terrain l'*Aragon*, du terrier de Muret, désigné comme le champ de bataille dans le dénombrement du prieur de Saint-Germier ; car un semblable document ne constitue pas une simple tradition, comme le pense M. X..., mais bien un titre écrit, rédigé probablement d'après les actes primordiaux, selon l'usage des cartulaires.

---

[1] Petr. V. S. (P. 87 B). Invenit in *fossato* modicissimam semitam.

[2] Voyez notre monographie (page 2). Le terrier de Muret place le terrain l'*Aragon* entre la *Saudrune, Terrery* et *Guerrier*.

Le seul argument qu'invoque M. X... contre le terrain l'*Aragon*, c'est que le jeune Raymond VII, posté à Perramon, n'aurait pas pu, d'aussi loin, entendre le bruit de la bataille, ainsi qu'il l'affirmait plus tard à G. de Puy-Laurens. Mais cet auteur ne prétend pas que Raymond VII fût demeuré aux cantonnements toulousains de Perramon. Il dit au contraire qu'*on le conduisit hors du camp, sur une éminence d'où il put distinguer le combat* [1]. Son observatoire fut donc la crête des collines qui vont de Perramon à Saint-Germier. Or, de ce point, on n'est pas à 1800 mètres de la Saudrune, comme le croit M. X..., mais tout au plus à 500. Là vinrent se heurter 1000 Aragonais d'une part, 900 Français de l'autre, battant avec des masses d'armes en fer des écus et des heaumes qui, en 1213, avaient la forme sonore d'immenses timbales métalliques : dix-neuf cents chaudronniers battant à tour de bras leurs ustensiles donneraient une idée assez exacte de ce tumulte, que l'on pouvait certainement entendre à 500 mètres en rase campagne.

Nous venons de résumer, pour apprécier la version de M. X..., les renseignements que peuvent fournir la topographie et l'art militaire. On voudra bien constater qu'ils s'unissent contre ses conclusions. D'une part, tous les textes topographiques connus placent le champ de bataille au terrain l'*Aragon* ; d'autre part, ce n'est que sur ce point que l'attaque de flanc de Montfort a été possible. Il y a donc solidarité entre le lieu du combat et la manœuvre qui décida la victoire. Si M. X... persiste à croire, avec P. des Vaux de Cernay, que c'est grâce à cette manœuvre que Montfort a vaincu, il doit renoncer à l'opinion de la *Canso*, qui localise la bataille près du camp toulousain. L'unique but de l'article de M. X... était précisément de concilier ces deux auteurs. On peut voir s'il a réussi.

Non-seulement il eut été impossible au chef des Croisés d'opérer son attaque de flanc dans l'angle entre Perramon et la Louge, mais notre avis est que, sur ce point, toute

---

[1] Guil. de P.-L (P. 209 B A). Eductus fuit de castris ad locum eminentem unde commissionem videre poterat.

victoire lui eût été impossible. Le camp vasco-aragonais, nécessairement très-étendu, couvert sur sa droite par le marais de Rudelle, sur sa gauche par la Garonne et l'ancien lit de la Louge, sur son centre par le même lit et l'escarpement des collines, entouré de barricades faites avec les impedimenta [1], était inexpugnable pour les Croisés. Jamais 900 hommes de grosse cavalerie n'auraient pu enlever une semblable position défendue par 43,000 hommes. Montfort n'a pu triompher qu'en attirant ses adversaires dans la plaine, autour de Muret, où il avait l'avantage du terrain, étant posté derrière les remparts de la place et l'escarpement de la Louge. Aussi, croyons-nous qu'on pourrait généraliser nos conclusions et dire que *toute version qui fera consister la victoire de Muret dans une offensive prise par Montfort contre le camp vasco-aragonais sera nécessairement erronée.*

Et nous n'en voulons d'autre preuve que l'opinion des vaincus de Muret. La *Canso* et G. de Puy-Laurens rapportent [2] qu'avant la bataille Raymond VI proposa au roi d'Aragon d'attendre derrière les barricades du camp l'attaque de Montfort. Tandis qu'on aurait accablé de traits sa cavalerie impuissante contre des retranchements et des talus, les 3000 cavaliers alliés auraient, par des sorties, chargé en flanc les 900 Croisés, trop peu nombreux pour faire tête partout. Ils auraient ainsi pu les presser entre deux attaques, les couper de leur ligne de retraite, et finalement les jeter dans la Garonne. Ce plan de bataille défensive fut rejeté par Pierre II, qui préféra prendre l'offensive. Mais l'anecdote prouve bien qu'au quartier général toulousain on appréciait toute la force de la position du camp. Si donc Raymond VI avait vu les Croisés venir affronter cette position, il se serait bien gardé de l'abandonner pour aller au devant d'eux, et surtout de désespérer de la victoire au point de déserter le terrain sans combattre. En définitive, la version de M. X... revient au singulier chassé-

---

[1] Guil. de P.-L. (P. 209 B). Populus Tolosanus, de castris ubi erant vallati curribus et aliis impedimentis...

[2] *Canso* (V. 3006 - 3014); Guil. de P.-L. (P. 209 A).

croisé que voici : Montfort aurait d'abord refusé la bataille quand on venait la lui offrir autour de Muret, où tous les avantages étaient de son côté. Puis il serait venu l'offrir sur le détestable terrain où Raymond VI l'appelait de tous ses vœux ; et c'est juste alors que le comte de Toulouse aurait abandonné ce même terrain sans se défendre. On n'attribue pas sans preuves de pareilles naïvetés à des hommes de guerre de cette valeur.

A cela M. X... répond qu'il ne croit pas à la tactique du moyen-âge. Nous ne prétendons pas non plus que les armées de cette époque aient eu la régularité de manœuvres, la perfection d'organisation, ni surtout les puissants engins de destruction de celles des temps modernes. Mais nous croyons qu'elles savaient suppléer à l'insuffisance des moyens par une intelligence merveilleusement ingénieuse. Nous pensons encore que leur cavalerie avait une expérience consommée de son arme; enfin qu'elles savaient déjà tirer un excellent parti du terrain. Et cela suffit pour expliquer la victoire de Muret. Quant à la manière dont le moyen-âge pratiquait les siéges, M. X... la qualifie d'*enfantine*. Selon nous, au contraire, c'est surtout dans les siéges que s'est déployée sa sagacité, à cause même de l'insuffisance des moyens scientifiques, à laquelle il fallait absolument obvier par l'invention. Avec notre artillerie moderne, le premier venu peut éventrer une courtine. La chose était moins aisée avec des mangonneaux, c'est-à-dire avec de simples leviers munis d'une fronde. L'action explosible des poudres de nos mineurs modernes rend irrésistible l'effet d'un fourneau de mine; mais quand il fallait faire écrouler une courtine par la simple excavation de sa base et la combustion de ses étançons, on avait à calculer bien plus exactement le point de résistance de la maçonnerie, puisque la désagrégation des matériaux ne se produisait que sur la verticale. Et pourtant on y arrivait. Sans équipages de pont on franchissait des fleuves; sans canons on pratiquait des brèches dans des remparts dont l'épaisseur n'avait rien d'*enfantin*. Sans moyens préparés d'avance, on triomphait des mêmes obstacles que nous rencontrons aujourd'hui. La guerre était donc une improvi-

sation perpétuelle où le génie devait obvier à tout, puisque
la science ne pourvoyait à rien. Voilà pourquoi nous pensons qu'on n'a pas été suffisamment juste avec les hommes
de guerre du moyen-âge.

L'archéologie a déjà réhabilité certaines grandes batailles
des XIVe et XVe siècles. Pour le XIIIe qui seul nous occupe,
il est bien vrai que la plupart des historiens lui ont con-
testé l'intelligence de la guerre ; mais on doit reconnaître
aussi qu'ils n'ont jamais examiné la question. Ils n'ont
pas restauré le terrain d'un seul champ de bataille ; et les
hommes du métier peuvent dire s'il est possible de juger
une bataille sans en connaître le terrain. Aussi ne deman-
dons-nous, pour le moment, qu'une seule chose : que chacun
réserve son opinion jusqu'à ce que l'expérience ait été faite.
Nous concédons que le XIIIe siècle tout entier ne peut pas
être jugé sur la seule bataille de Muret. Mais si à ce premier exemple venait s'en ajouter une série d'autres, il
faudrait bien qu'on renonçât aux objections *à priori* pour
remettre le problème à l'étude. C'est ce que nous voulons
tenter. Notre contradicteur nous oppose la bataille de Bouvines. Nous venons justement d'examiner de près et le
terrain de Bouvines, et toute la contrée qui fut témoin de
cette très-intelligente campagne. Nous oserons en dire
notre humble avis. On jugera alors si la tactique du temps
de Philippe-Auguste n'a eu qu'une bataille de Muret. Et
si ce second exemple ne suffit pas, on essayera de passer
à d'autres.

Notre unique regret est de nous sentir seuls, avec notre
profonde insuffisance, pour résoudre un des problèmes les
plus dignes des lumières des militaires de profession. Ceux-
là seuls seraient les juges compétents d'un procès dont
nous ne pouvons être que le modeste greffier donnant lec-
ture des pièces.

Henri DELPECH.

Montpellier, Imprimerie Firmin et Cabirou, boulevard de la Comédie, 7

N.°1.
Plan de la Bataille de Muret
d'après la version de la Canso

A Porte de Toulouse
B Porte de Sales
▭ Armée Vasco-Aragonaise
▦ Armée des Croisés

N.°2.
Plan de la Bataille de Muret
d'après l'opinion de M.° X.

A Porte de Toulouse
B Porte de Sales
▭ Armée Vasco-Aragonaise
▦ Premier et deuxième corps des Croisés
▭ Troisième corps des Croisés commandé par Montfort

N.°3.
Plan de la Bataille de Muret
d'après les Chroniqueurs contraires à la Canso

A Porte de Toulouse
B Porte de Sales
C ▭ Point où les Albigeois insultèrent Montfort au moment de sa sortie
  ▭▭▭ Premier, second et troisième corps Vasco-Aragonais
  ▭ Position du premier corps avant qu'il ne franchît la Louge
IV ▭ Milices Toulousaines demeurées au camp
▭ Cavalerie des Croisés
⟶ Première attaque des deux premiers corps des Croisés
⟶ Seconde attaque des mêmes corps
⟶ Attaque de flanc du troisième corps commandé par Montfort
▭ Détachement Vasco-Aragonais qui tenta d'arrêter Montfort à sa sortie du marais

10